JUN 14

Teléfono: 19 46 06 20
Fax: 19 46 06 55
e-mail: ediciones@editorialprogreso.com.mx
e-mail: servicioalcliente@editorialprogreso.com.mx

Desarrollo editorial: Víctor Guzmán Zúñiga
Dirección editorial: Yolanda Tapia Felipe

Proyecto y realización: Sandra Donin. Proyectos Editoriales
Diseño: Sandra Donin y Martha Cuart

Revisión editorial: Cyntia Berenice Ruiz García

Con mis oídos
(Serie Con mis...)

Miembro de la Cámara Nacional de la Industria Editorial Mexicana
Registro núm. 232

ISBN: 978-970-641-723-7 (Serie Con mis...)
ISBN: 978-970-641-726-8

Impreso en México
Printed in Mexico

1ª edición: 2008

Con mis oídos

Con mis oídos

Mariana I. Pellegrino

Mariana Nemitz

PROGRESO
EDITORIAL

Con mis oídos escucho el canto de las olas,
splash, splash, splash…
¡No creas que el océano está enojado!
Eso que escuchas es su forma de cantar.

CON MIS OÍDOS ES COMO SI SUBIERA

A LA COPA DE LOS ÁRBOLES

Y ESCUCHARA DE CERCA

EL SONIDO QUE HACEN LAS HOJAS

CUANDO EL VIENTO LAS HACE DANZAR.

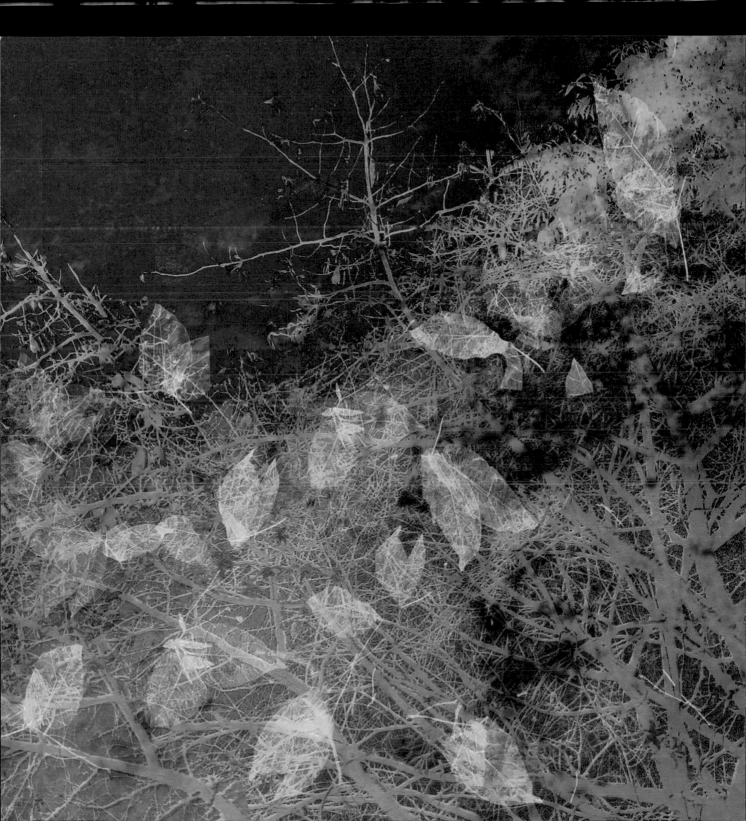

Con mis oídos escucho la lluvia
y mi corazón no para de saltar.
¡Se viene la hora de saltar charquitos!

¡Es tiempo de paraguas de colores y risas sin parar!

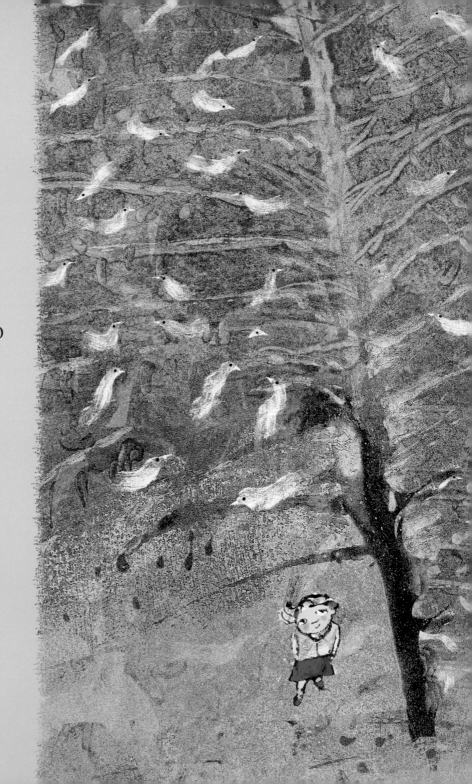

CON MIS OÍDOS
ESCUCHO A LOS
PAJARITOS Y SUEÑO
QUE COMO ELLOS
PUEDO VOLAR
POR LUGARES
TAN BELLOS
QUE DAN GANAS
DE CANTAR.

CON MIS OÍDOS DISFRUTO

LA CANCIÓN DE MODA…

Y CON MIS AMIGOS BAILO TANTO
QUE PARECE QUE NUNCA MÁS
VAMOS A DESCANSAR.

CON MIS OÍDOS ESCUCHO LA CAMPANA DE LA ESCUELA

Y ME ALEGRO POR LAS COSAS NUEVAS QUE ME VAN A ENSEÑAR.

Y TAMBIÉN ESCUCHO EL SONIDO DEL TIMBRE QUE ANUNCIA…

¡QUE EL RECREO ACABA DE LLEGAR!

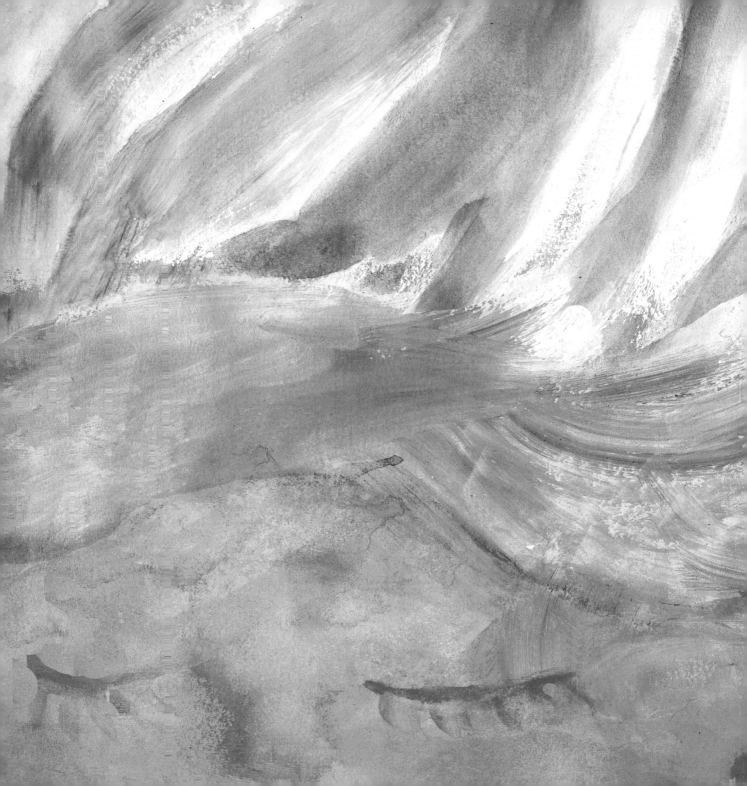

CON MIS OÍDOS ESCUCHO

LA VOZ DE MIS AMIGOS

Y SÉ QUE LLEGÓ LA HORA

DE SALIR CON ELLOS A JUGAR.

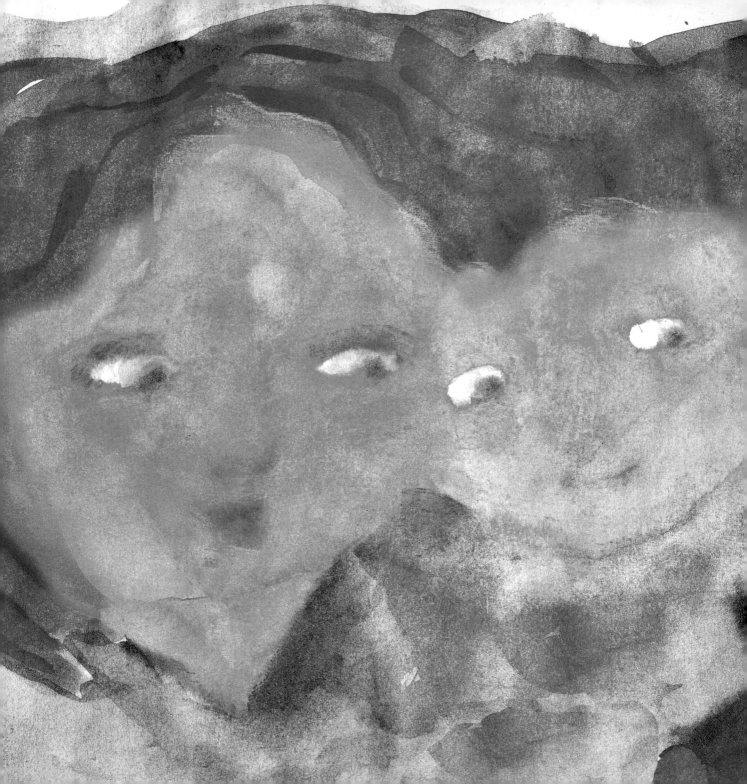

Con mis oídos escucho
la voz de mamá...
Sus cuentos, sus risas,
sus "te quiero"
que no paran de sonar.
Y también la voz
de papá que dice:
"Ya llegué, ¡vamos a jugar!"

C<small>ON MIS OÍDOS ESCUCHO MI PROPIA VOZ</small>…

¡Y <small>SUENA TAN CHISTOSA QUE MI RISA</small>

<small>TODOS VUELVEN A ESCUCHAR!</small>

¡CUÁNTAS COSAS MARAVILLOSAS

NOS REGALA LA VIDA PARA ESCUCHAR!

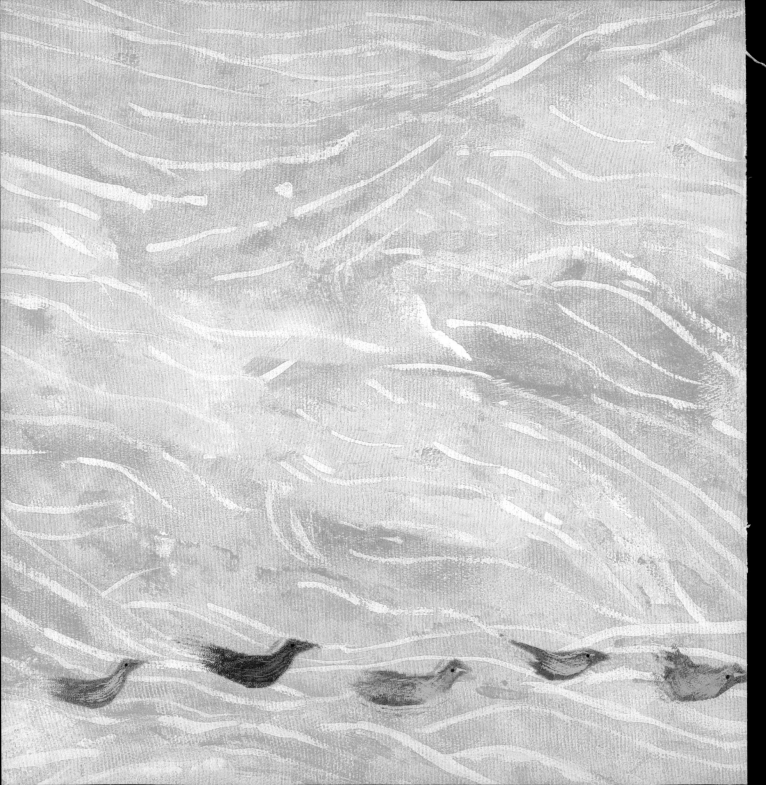

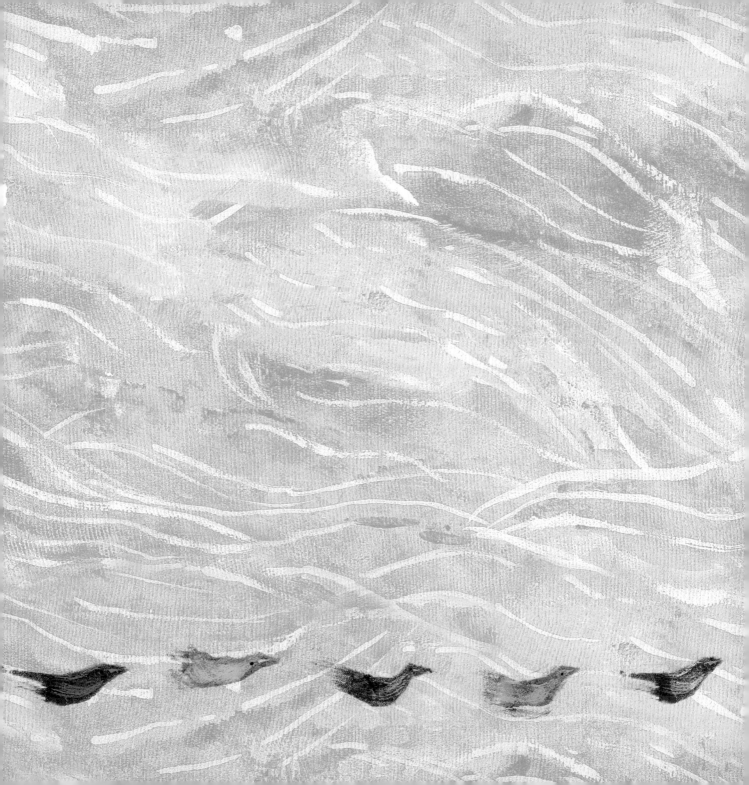

La primera edición de *Con mis oídos*
de Mariana I. Pellegrino, se terminó de imprimir en julio de 2008
en los talleres de la Editorial Progreso S.A. de C.V.